Academy Text

ABCDEFGHIJ

KLMNOPQRST

UVWXYZ

(&;!?$£)

abcdefghijklmn

opqrstuvw

xyz

1234567890

Academy Text

~	1	2	3	4	5	6	7	8	9	0	-	=
q	w	e	r	t	y	u	i	o	p	[	]	\
a	s	d	f	g	h	j	k	l	;	'		
z	x	c	v	b	n	m	,	.	/			

Shift

~	!	@	#	$	%	^	&	*	(	)	_	+
Q	W	E	R	T	Y	U	J	O	P	☛	☚	|
A	S	D	F	G	H	J	K	L	:	"		
Z	X	C	V	B	N	M	<	>	?			

Option

˜	¡	™	£	¢			¶	·	Ž	ž	–	
œ	Š	¯	®	†	¥	¨	^	ø	Ý	"	'	«
å	ß	ł	©	·		°			…	œ		
	ç		ŷ	n	Ł	½	¾	÷				

Shift/Option

˘	/		‹	›			‡	°	·	,	—	¼
Œ	„	´		˘	Ã	¨	^	Ø	š	"	'	»
Å	Ĵ	Ĵ	Ĵ	˝	Ó	Ô	Ò	Ú	Æ			
	Ç	◆	1	˜	Â		˘		¿			

american uncial

abcdefghij

klmnopqr

stuvwxyz

(α;;!?$£)

abcdefghijkl

mnopqrst

uvwxyz

1234567890

American Uncial

`	1	2	3	4	5	6	7	8	9	0	-	=
Q	w	e	r	t	y	u	i	o	p	[	]	\
a	s	d	f	g	h	j	k	l	;	'		
z	x	c	v	b	n	m	,	.	/			

Shift

~	!	@	#	$	%	^	&	*	(	)	_	+
Q	w	e	r	t	y	u	í	o	p	{	}	⬦
a	s	d	f	g	h	j	k	l	:	"		
z	x	c	v	b	n	m	<	>	?			

Option

`	¡	™	£	¢			¶	•	Ž	ž	–	
œ	š	´	®	†	¥	¨	^	ø	ý́	"	`	«
å		ł	©	·		°		…	œ			
	ç		ý	n	Ł	½	¾	÷				

Shift/Option

`			‹	›			‡	°	◆	,	—	¼
Œ	„	´		ˇ	á	¨	^	Ø	š	"	'	»
å	Í	Î	Ï	˝	Ó	Ô		Ò	Ú	œ		
	˛	Ç	◆	ı	~	â	ˉ		ẑ			

Antique Black

ABCDEFGHI

JKLMNOPQR

STUVWXYZ

(&;!?$£)

abcdefghijklm

nopqrstuv

wxyz

1234567890

Antique Black

`	1	2	3	4	5	6	7	8	9	0	-	=
q	w	e	r	t	y	u	i	o	p	[	]	\
a	s	d	f	g	h	j	k	l	;	'		
z	x	c	v	b	n	m	,	.	/			

Shift

~	!	@	#	$	%	^	&	*	(	)	_	+
Q	W	E	R	T	Y	U	I	O	P	{	}	|
A	S	D	F	G	H	J	K	L	:	"		
Z	X	C	V	B	N	M	<	>	?			

Option

`	¡	™	£	¢			¶	•	Ž	ž	–	
œ	Š	¯	®	†	¥	¨	^	ø	Ý	"	'	«
å	ﬅ	ł		©	·		°			…	æ	
	ç			ý	n	Ł	½	¾	÷			

Shift/Option

`			‹	›				°	·	‚	—	¼
Œ	„	´		ˇ	Á	¨	^	Ø	š	"	'	»
Å	Í	Î	Ï	˝	Ó	Ô		Ò	Ú	Æ		
˛		Ç	◆	ı	~	Â			¿			

Becker

ABCDEFGHI
JKLMNOPQR
STUVWXYZ
(&,!?$£)
abcdefghijklm
nopqrstuv
wxyz

1234567890

Becker

(Unmodified)

`	1	2	3	4	5	6	7	8	9	0	-	=
q	w	e	r	t	y	u	i	o	p	[	]	\
a	s	d	f	g	h	j	k	l	;	'		
z	x	c	v	b	n	m	,	.	/			

Shift

~	!	@	#	$	%	^	&	*	(	)	_	+
Q	W	E	R	T	Y	U	I	O	P	※	※	✳
A	S	D	F	G	H	J	K	L	:	"		
Z	X	C	V	B	N	M	<	>	?			

Option

`	¡	™	£	¢			¶	•	Ž	ž	–	
æ	Š	´	®	†	¥	¨	^	ø	Ý	"	˙	«
å	ß	ł	F	©	•		°			…	æ	
	ç		ý	n	Ł	½	¾	÷				

Shift/Option

`			‹	›			‡	°	•	,	—	¼
Œ	„	´	˜	Á	¨	^	Ø	š	"	'	»
Å	Í	Î	Ï	˝	Ó	Ô	Ò	Ú	Æ		
˛	Ç	✦	ı	˜	Â	¯	˘	¿			

Bradley

ABCDEFGHI
JKLMNOPQR
STUVWXYZ

(&;!?$£)

abcdefghijklm
nopqrstuv
wxyz

1234567890

Bradley

´	1	2	3	4	5	6	7	8	9	0	-	=
q	w	e	r	t	y	u	i	o	p	[	]	\
a	s	d	f	g	h	j	k	l	;	'		
z	x	c	v	b	n	m	,	.	/			

Shift

~	!	@	#	$	%	^	&	*	(	)	_	+
Q	W	E	R	T	Y	U	I	O	P	{	}	|
A	S	D	F	G	H	J	K	L	:	"		
Z	X	C	V	B	N	M	<	>	?			

Option

´	¡	™	£	¢			¶	•	Ž	ž	–	
œ	š	¯	®	†	¥	¨	^	ø	ý	"	'	«
å	ħ	ł	©	•		°				…	æ	
	ç			ý	n	£	½	¾	÷			

Shift/Option

´			‹	›			•	·	,	—	¼
Œ	„	¯	ˇ	Á	¨	^	Ø	š	"	'	»
Å	Í	Î	Ï	˝	Ó	Ô	Ò	Ú	Æ		
˛	Ç	◆	ı	~	Â	¯	˘	¿			

Castlemar

ABCDEFGHI
JKLMNOPQR
STUVWXYZ

(&;!?$£)

abcdefghijklm
nopqrstuv
wxyz

1234567890

Castlemar

`	1	2	3	4	5	6	7	8	9	0	-	=
q	w	e	r	t	y	u	i	o	p	[	]	\
a	s	d	f	g	h	j	k	l	;	'		
z	x	c	v	b	n	m	,	.	/			

Shift

~	!	@	#	$	%	^	&	*	(	)	_	+
Q	W	E	R	T	Y	U	I	O	P	{	}	•
A	S	D	F	G	H	J	K	L	:	"		
Z	X	C	V	B	N	M	<	>	?			

Option

`	¡	™	£	¢		¶	•	Ž	ž	–		
œ	š	´	®	†	¥	¨	^	ø	ý	"	'	«
å	ħ	ł	©	·		°		…	æ			
	ç		ý	ŋ	Ł	½	¾	÷				

Shift/Option

`	⅃		‹	›			†	°	•	,	—	¼
Œ	„	´	ˇ	Á	¨	^	Ø	š	"	'	»	
Å	Ĵ	Ĵ	Ĵ	˝	Ó	Ô	Ò	Ú	Æ			
ˌ	ˍ	Ç	◆	ı	~	Â		¿				

Celebration Text Fancy

A B C D E F G
H I J K L M N O
P Q R S T U
V W X Y Z

(&;!?$£)

abcdefghijklm
nopqrstuv
wxyz
1234567890

Celebration Text Fancy

`	1	2	3	4	5	6	7	8	9	0	-	=
q	w	e	r	t	y	u	i	o	p	[	]	\
a	s	d	f	g	h	j	k	l	;	'		
z	x	c	v	b	n	m	,	.	/			

Shift

~	!	@	#	$	%	^	&	*	(	)	_	+
Q	W	E	R	T	Y	U	I	O	P	{	}	|
A	S	D	F	G	H	J	K	L	:	"		
Z	X	C	V	B	N	M	<	>	?			

Option

`	¡	™	£	¢				•		ˇ	–	
œ	´	®	†	¥	¨	^		ø		"	'	«
å	ß	ƒ		©	·		°			…	æ	
	ç		ý	n								

Shift/Option

`			‹	›			‡	°	•		,	—	
	„	´		ˇ		¨	^		š	"	'	»
				˝								
,	‘		ı	~		-	˘	ė				

14

Celebration Text Plain

ABCDEFGHI

JKLMNOPQR

STUVWXYZ

(&;!?$£)

abcdefghijklm

nopqrstuv

wxyz

1234567890

Celebration Text Plain

`	1	2	3	4	5	6	7	8	9	0	-	=
q	w	e	r	t	y	u	i	o	p	[	]	\
a	s	d	f	g	h	j	k	l	;	'		
z	x	c	v	b	n	m	,	.	/			

Shift

~	!	@	#	$	%	^	&	*	(	)	_	+
Q	W	E	R	T	Y	U	I	O	P	{	}	|
A	S	D	F	G	H	J	K	L	:	"		
Z	X	C	V	B	N	M	<	>	?			

Option

`	¡	™	£	¢				•	Ž	ž	–
œ	š	´	®	†	¥	¨	^	ø	Ý	"	'	«
å	ß	ſ		©	·		°			…	æ	
		ç			ý	ñ	Æ					

Shift/Option

`			‹	›			‡	°	•	,	—
Œ	„	´		ˇ	Á	¨	^	Ø	š	"	'	»
Å	Í	Î	Ï	˜	Ó	Ô		Ò	Ú	Æ
˛	˘	Ç		ι	˜	Â	¯		Ż	

Church Text

A B C D E F G H I
J K L M N O P Q R
S T U V W X Y Z

(& ; ! ? $ £)

a b c d e f g h i j k l m
n o p q r s t u v
w x y z

1 2 3 4 5 6 7 8 9 0

Church Text

`	1	2	3	4	5	6	7	8	9	0	-	=
q	w	e	r	t	y	u	i	o	p	[	]	\
a	s	d	f	g	h	j	k	l	;	'		
z	x	c	v	b	n	m	,	.	/			

Shift

~	!	@	#	$	%	^	&	*	(	)	_	+
Q	W	E	R	T	Y	U	I	O	P	{	}	|
A	S	D	F	G	H	J	K	L	:	"		
Z	X	C	V	B	N	M	<	>	?			

Option

`	í	™	£	¢			¶	•	š	ž	–
œ	Š	´	®	†	¥	¨	^	ø	Ħ	"	'	«
å	ß	ƒ		©	·		°		⸗	w	
	ç			ǵ	ŋ	Æ	½	¾	÷			

Shift/Option

`			‹	›		‡	°	·	,	—	¼
Œ	„	`		˜	Ã	¨	^	Ø	ž	"	'	»
Å	Î	Ï	Ï	˝	Ĥ	Ĥ		Ð	Ú	Æ	
,	'	Ç	◆	ı		~	Ã			¿	

Engravers Old English

ABCDEFGHI
JKLMNOPQR
STUVWXYZ
(&;!?$£)
abcdefghijklm
nopqrstuv
wxyz

1234567890

Engravers Old English

`	1	2	3	4	5	6	7	8	9	0	-	=
q	w	e	r	t	y	u	i	o	p	[	]	\
a	s	d	f	g	h	j	k	l	;	'		
z	x	c	v	b	n	m	,	.	/			

Shift

~	!	@	#	$	%	^	&	*	(	)	_	+
Q	W	E	R	T	Y	U	I	O	P	{	}		
A	S	D	F	G	H	J	K	L	:	"		
Z	X	C	V	B	N	M	<	>	?			

Option

`	¡	™	£	¢			¶	•	Ž	ž	–	
œ	Š	´	®	†	¥	¨	ˆ	ø	Ý	“	‘	«
å	ß	ł		©	˙		˚		…	æ		
		ç		ý	n	Ł	½	¾	÷			

Shift/Option

`			‹	›	fi	fl		°	·	‚	—	¼
Œ	„	´		ˇ	Á	¨	ˆ	Ø	š	”	’	»
Å	Í	Î	Ï	˝	Ó	Ô		Ò	Ú	Æ		
¸	˛	Ç	◆	ı	˜	Â	¯	˘	¿			

Frederick Text

ABCDEFGH
IJKLMNOP
QRSTUV
WXYZ

(&;!?$£)

abcdefghijklm
nopqrstuv
wxyz

1234567890

Frederick Text

`	1	2	3	4	5	6	7	8	9	0	-	=
q	w	e	r	t	y	u	i	o	p	[	]	\
a	s	d	f	g	h	j	k	l	;	'		
z	x	c	v	b	n	m	,	.	/			

Shift

~	!	@	#	$	%	^	&	*	(	)	_	+
Q	W	E	R	T	Y	H	I	O	P	{	}	|
A	S	D	F	G	H	J	K	L	:	"		
Z	X	C	V	B	N	M	<	>	?			

Option

`	¡	™	£	¢			¶	•	Ž	ž	–	
œ	Š	´	®	†	¥	¨	^	ø	Þ	"	'	«
å	ħ	ł		©	·		°		…	æ		
	ç		ý	n	£	½	¾	÷				

Shift/Option

`		‹	›			‡	°	•	,	—	¼
Œ	„	´	˜	Á	¨	^	Ø	š	"	'	»
Å	Í	Î	Ï	´	Ó	Ô	Ò	H	Æ		
˛	˛	Ç	◆	ı	˜	Â	-	˘	˙		

22

Freehand

ABCDEFGHI
JKLMNOPQR
STUVWXYZ
(&;!?$£)
abcdefghijklm
nopqrstuv
wxyz

1234567890

Freehand

`	1	2	3	4	5	6	7	8	9	0	-	=
q	w	e	r	t	y	u	i	o	p	[	]	\
a	s	d	f	g	h	j	k	l	;	'		
z	x	c	v	b	n	m	,	.	/			

Shift

~	!	@	#	$	%	^	&	*	(	)	_	+
Q	W	E	R	T	Y	U	I	O	P	{	}	|
A	S	D	F	G	H	J	K	L	:	"		
Z	X	C	V	B	N	M	‹	›	?			

Option

`	¡	™	£	¢			¶	•	Ž	ž	–	
œ	Š	´	®	†	¥	¨	^	ø	ý	"	'	«
a	ß	ł		©	·		°		…	æ		
	ç			ý	n	£	½	¾	–			

Shift/Option

`			‹	›			‡	°	·	,	—	¼
Œ	„	´		ˇ	Á	¨	^	Ø	š	"	'	»
Â	Í	Î	Ï	˝	Ó	Ô		Ò	Ú	Æ		
˛	˛	Ç	✦	ı	~	Â	ˉ		¿			

Hingham Text

ABCDEFGHI
JKLMNOPQR
STUVWXYZ

(&;!?$£)

abcdefghijklm
nopqrstuv
wxyz

1234567890

Hingham Text

`	1	2	3	4	5	6	7	8	9	0	-	=
q	w	e	r	t	y	u	i	o	p	[	]	\
a	s	d	f	g	h	j	k	l	;	'		
z	x	c	v	b	n	m	,	.	/			

Shift

~	!	@	#	$	%	^	&	*	(	)	_	+
Q	W	E	R	T	Y	U	I	O	P	{	}	|
A	S	D	F	G	H	J	K	L	:	"		
Z	X	C	V	B	N	M	<	>	?			

Option

`	¡	™	£	¢			¶	•	Ž	ž	–	
œ	Š	´	®	†	¥	¨	^	ø	Ý	"	'	«
å	ß	ł		©	·		°		…	æ		
	ç			ý	n	Ł		÷				

Shift/Option

`	I		‹	›			‡	°	•	,	—	
Œ	„	ˉ		˜	Á	¨	^	Ø	š	"	'	»
Å	Í	Î	Ï	˝	Ó	Ô		Ò	Ú	Æ		
,	˛	Ç	·	ı	~	Â	-	ˇ	¿			

26

INITIALS BRADLEY

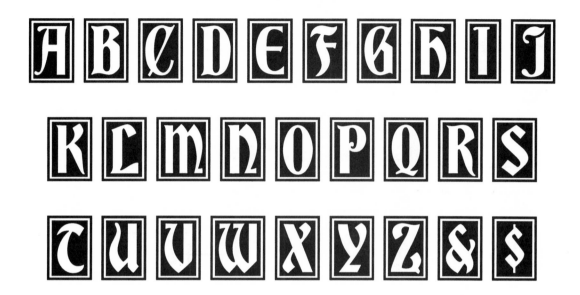

A B C D E F G H I J
K L M N O P Q R S
T U V W X Y Z & $

INITIALS CAXTON

A B C D E F G
H I J K L M N O
P Q R S T U V
W X Y Z

INITIALS BRADLEY

	1	2	3	4	5	6	7	8	9	0		
Q	W	E	R	T	Y	U	I	O	P			
A	S	D	F	G	H	J	K	L				
Z	X	C	V	B	N	M						

INITIALS CAXTON

Shift

				$		&						
Q	W	E	R	T	Y	U	I	O	P			
A	S	D	F	G	H	J	K	L				
Z	X	C	V	B	N	M						

Option

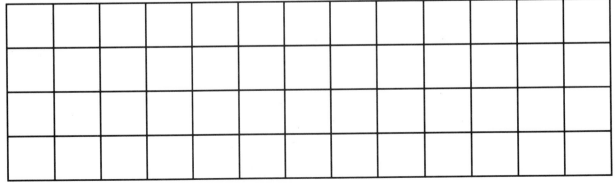

Shift/Option

Note: Both Bradley and Caxton are included in one font.

Kanzlei Light

ABCDEFGHI

JKLMNOPQR

STUVWXYZ

(&;!?$£)

abcdefghijklm

nopqrstuv

wxyz

1234567890

Kanlei Light

`	1	2	3	4	5	6	7	8	9	0	-	=
q	w	e	r	t	y	u	i	o	p	[	]	\
a	s	d	f	g	h	j	k	l	;	'		
z	x	c	v	b	n	m	,	.	/			

Shift

~	!	@	#	$	%	^	&	*	(	)	_	+
Q	W	E	R	T	U	A	J	O	P	{	}	|
A	S	D	F	G	H	J	K	L	:	"		
Z	X	C	V	B	N	M	<	>	?			

Option

`	¡	™	£	¢			·	Ž	ž	–
œ	Š	´	®	†	¥	¨	^	ø	Y	"	'	«
å	ß	ł		©	·		°			…	œ
	ç			ý	n	£			÷		

Shift/Option

`			‹	›			‡	°	·	,	—
Œ	„		´		˜	Á	¨	^	Ø	š	"	'	»
Å	J	J	J	˝	O	Ô		Ò	U	Æ	
,	Ç	·	ι	~	Â		-	˘	¿	

Lautenbach

ABCDEFGHIJKL
MNOPQRSTU
VWXYZ
1234567890 (&;!?$£)
abcdefghijklmnop
qrstuvwxyz

Lautenbach Fancy Caps

ABCDEFGH
IJKLMNOPQ
RSTUVWXYZ

Lautenbach

`	1	2	3	4	5	6	7	8	9	0	-	=
q	w	e	r	t	y	u	í	o	p	[	]	\
a	s	d	f	g	h	j	k	l	;	'		
ð	ꝼ	c	ꝺ	b	n	m	,	.	/			

Shift

~	!	@	#	$	%	^	&	*	(	)	_	+
Q	W	Œ	R	T	Y	U	J	O	P	ꝗ	Þ	|
A	S	D	J	G	H	J	K	L	:	"		
ꝥ	X	C	D	B	N	M	<	>	?			

Option

`	¡	™	£	¢			¶	·	ǯ	ž	–	
œ	Š	´	®	ꞇ	¥	¨	^	ø	ý	"	'	«
å	ꝧ	ł		©	·		°		…	œ		
	ç			ý	n	£	½	¾	÷			

Shift/Option

`			‹	›				°	·	,	—	¼
Œ	„	´		ˇ	Á	¨	^	Ø	š	"	'	»
Å	Í	Î	Ï	ˉ	Ó	Ô		Ò	Ú	Æ		
	Ç	◆	ı	~	Â	-	ˇ	¿				

32   **Note:** Lautenbach Fancy Caps has the same lower case as Lautenbach; no optional characters are included.

LIBRA

ABCDEFGHI
JKLMNOPQR
STUVWXYZ

(&;!?$£)

ABCDEFGHIJKLM
NOPQRSTUV
WXYZ

1234567890

LIBRA

`	1	2	3	4	5	6	7	8	9	0	-	=
q	w	e	r	t	y	u	i	o	p	[	]	\
a	s	ð	f	g	h	j	k	l	;	'		
z	x	c	v	b	n	m	,	.	/			

Shift

~	!	@	#	$	%	^	&	*	(	)	_	+
q	w	e	r	t	y	u	i	o	p	{	}	|
a	s	ð	f	g	h	j	k	l	:	"		
z	x	c	v	b	n	m	<	>	?			

Option

`	¡	™	£	¢			¶	•	Ž	ž	–	
œ	š	´	®	†	¥	¨	^	ø	ý	"	'	«
å		ł	©	·		°			...	æ		
	ç			ý	n	ł	½	¾	÷			

Shift/Option

`		‹	›			‡	°	·	,	—	¼	
Œ	„	´		˘	á	¨	^	Ø	š	"	'	»
å	Í	Î	ï	˝	Ó	Ô		Ò	Ú	æ		
¸	˛	Ç	◆	ı	˜	â	ˉ		˘	¿		

Morris Black

ABCDEFGHIJ
KLMNOPQRS
TUVWXYZ

(&;!?$£)

abcdefghijkl
mnopqrst
uvwxyz

1234567890

Morris Black

`	1	2	3	4	5	6	7	8	9	0	-	=
q	w	e	r	t	y	u	i	o	p	[	]	\
a	s	d	f	g	h	j	k	l	;	'		
z	x	c	v	b	n	m	,	.	/			

Shift

~	!	@	#	$	%	^	&	*	(	)	_	+
Q	W	E	R	T	Y	U	I	O	P	{	}	†
A	S	D	F	G	H	J	K	L	:	"		
Z	X	C	V	B	N	M	<	>	?			

Option

`	¡	™	£	¢			¶	•	Ž	ž	–	
œ	Š	´	®	†	¥	¨	^	ø	Ÿ	"	`	«
å	ß	ł		©	·		°			…	æ	
	ç			ý	n	£	½	¾	÷			

Shift/Option

`			‹	›			‡	°	·	,	—	¼
Œ	„	´		ˇ	Á	¨	^	Ø	š	"	'	»
Å	Í	Î	Ï	˝	Ó	Ô		Ò	Ú	Æ		
˛	Ç	♦	ι	~	Â	-	˘		¿			

Nicolini Broadpen

ABCDEFGHI
JKLMNOPQR
STUVWXYZ
(&;!?$£)

abcdefghijkl
mnopqrst
uvwxyz

1234567890

Nicolini Broadpen

`	1	2	3	4	5	6	7	8	9	0	-	=
q	w	e	r	t	y	u	i	o	p	{	}	ʒ
a	s	d	f	g	h	j	k	l	;	'		
z	x	c	v	b	n	m	,	.	/			

~	!	@	#	$	%	^	&	*	(	)	_	+
Q	W	E	R	T	Y	U	I	O	P	☞	☜	ʒ
A	S	D	F	G	H	J	K	L	:	"		
Z	X	C	V	B	N	M	<	>	?			

`	¡	™	£	¢			¶	•	Ž	ž	–
œ	Š	´	®	†	¥	¨	^	ø	Ý	"	«
å	ß	ſ		©	·		°		…	œ	
	ç			ý	n	£	½	¾	÷		

`		‹	›			‡	°	·	,	—	¼
Œ	„	ˊ		˜	Ã	¨	^	Ø	š	"	'	»
Å	Í	Î	Ï	˝	Ó	Ô		Ò	Ú	Æ	
	Ç	◆	ı	~	Â	ˉ	˘	¿			

Rhapsodie

ABCDEFGHIJKLMN
OPQRSTUVWXYZ
1234567890 (&;!?$£)
abcdefghijklmnopqr
stuvwryz

Rhapsodie Swash Caps

ABCDEFG
HIJKLMN
OPQRSTU
VWXYZ

Rhapsodie

`	1	2	3	4	5	6	7	8	9	0	-	=
q	w	e	r	t	y	u	i	o	p	[	]	❖
a	s	d	f	g	h	j	k	l	;	'		
z	x	c	v	b	n	m	,	.	/			

Shift

~	!	@	#	$	%	^	&	*	(	)	_	+
Q	W	E	R	T	Y	U	J	O	P	[	]	
A	S	D	F	G	H	J	K	L	:	"		
Z	X	C	V	B	N	M	<	>	?			

Option

`	¡	™	£	¢			¶	•	ž	ẕ	–	
œ	Š	˘	®	†	¥	¨	^	ø	Ŷ	"	`	«
å	ß	ł	ﬀ	©	·		°		...	œ		
	ﬂ	ç	ʃ	ý	n	£	½	¾	÷			

Shift/Option

`			‹	›			‡	°		•	,	—	¼
Œ	„	´		ˇ	Á	¨	^	Ø	š	"	'	»
Å	ĵ	ĵ	ĵ	˝	Ó	Ô		Ò	Ú	Œ		
	Ç		˛	˙	~	Â	ˉ	˘	ż			

40   **Note:** Rhapsodie Swash Caps has the same lower case letters as Rhapsodie; no special characters are included.

ABCDEFGHI
JKLMNOPQR
STUVWXYZ

(&:!?$£)

ABCDEFGHIJKLM
NOPQRSTUV
WXYZ

1234567890

Scotford Uncial

`	1	2	3	4	5	6	7	8	9	0	-	=
q	w	e	r	t	y	u	i	o	p	[	]	\
a	s	d	f	g	h	j	k	l	;	'		
z	x	c	v	b	n	m	,	.	/			

Shift

~	!	@	#	$	%	^	&	*	(	)	_	+
Q	W	E	R	T	Y	U	I	O	P	{	}	|
A	S	D	F	G	H	J	K	L	:	"		
Z	X	C	V	B	N	M	<	>	?			

Option

~	¡	™	£	¢			¶	•	Ž	ž	–	
œ	š	´	®	†	¥	¨	ˆ	ø	ý	"	'	«
å		ł	©	˙		˚			…	æ		
	ç		ý	n	ł	½	¾	÷				

Shift/Option

~			‹	›			‡	°	·	‚	—	¼
Œ	„	¯	˜	Á	¨	ˆ		Ø	š	"	·	»
Å	Î	î	ï	˝	Ó	Ô		Ò	Ú	Æ		
˛	ç	˛	◆	ı	˜	Â			¿			

42

SOLEMNIS

ABCDEFGHIJ
KLMNOPQRS
TUVWXYZ

(Q;!?$£)

ABCDEFGHIJKL
MNOPQRST
UVWXYZ

1234567890

SOLEMNIS

`	1	2	3	4	5	6	7	8	9	0	-	=
Q	W	E	R	T	Y	U	I	O	P	[	]	\
A	S	D	F	G	H	J	K	L	;	'		
Z	X	C	V	B	N	M	,	.	/			

Shift

~	!	@	#	$	%	^	@	*	(	)	_	+
q	w	e	r	t	y	u	i	o	p	⊦	⊦	|
A	S	D	F	G	h	J	K	L	:	"		
Z	X	C	V	B	N	M	<	>	?			

Option

`	¡	™	£	¢			¶	•	Ž	Ž	–	
Œ	Š	´	®	†	¥	¨	^	Ø	ý	"	'	«
Å		Ł		©	˙		°			…	Æ	
	Ç			Ý	N	Ł	½	¾	÷			

Shift/Option

`			‹	›			‡	°	•	,	—	¼
Œ	„	´		ˇ	Á	¨	^	Ø	Š	"	'	»
Å	Í	Î	Ï	˝	Ó	Ô		Ò	Ú	Æ		
˛	˛	Ç	◆	ı	˜	Â	¯	˘	¿			

44

Washington Text

ABCDEFGHI
JKLMNOPQR
STUVWXYZ

(&;:!?$£)

abcdefghijkl
mnopqrst
uvwxyz

1234567890

Washington Text

`	1	2	3	4	5	6	7	8	9	0	-	=
q	w	e	r	t	y	u	i	o	p	[	]	\
a	s	d	f	g	h	j	k	l	;	'		
z	x	c	v	b	n	m	,	.	/			

Shift

~	!	@	#	$	%	^	&	*	(	)	_	+
Q	W	E	R	T	Y	U	I	O	P	{	}	—
A	S	D	F	G	H	I	K	L	:	"		
Z	X	C	V	B	N	M	<	>	?			

Option

`	¡	™	£	¢			¶	•	Ž	ž	–	
œ	Š	´	®	†	¥	¨	^	ø	Ý	"	'	«
å	ẞ	ł		©	·		°		…	œ		
	ç			ý	n	L	½	¾	÷			

Shift/Option

`			‹	›	fi	fl	‡	°	•	,	—	¼
OE	„	˜		˜	Á	¨	^	Ø	š	"	'	»
Å	Í	Î	Ï	˝	Ó	Ô		Ò	Ú	Æ		
¸	˛	Ç	˙	˛	˜	Â	˗	˘	¿			

Wedding Text

ABCDEFGHIJ

KLMNOPQRS

TUVWXYZ

(&;!?$£)

abcdefghijkl

mnopqrst

uvwxyz

1234567890

Wedding Text

`	1	2	3	4	5	6	7	8	9	0	-	=
q	w	e	r	t	y	u	i	o	p	[	]	\
a	s	d	f	g	h	j	k	l	;	'		
z	x	c	v	b	n	m	,	.	/			

Shift

~	!	@	#	$	%	^	&	*	(	)	_	+
Q	W	E	R	T	Y	U	I	O	P	{	}	|
A	S	D	F	G	H	J	K	L	:	"		
Z	X	C	V	B	N	M	<	>	?			

Option

`	ˆ	™	£	¢			¶	•	Ž	ž	–
œ	Š	¯	®	†	¥	¨	ˆ	ø	Ý	"	'	«
å	ß	ł		©	·		°		...	æ	
	ç		ý	n	Ł	½	¾	÷			

Shift/Option

˜			‹	›			‡	°	·	,	—	¼
Œ	„	¯		˜	Á	¨	ˆ	Ø	š	"	'	»
Å	Í	Î	Ï	˝	Ó	Ô		Ò	Ú	Æ	
,	Ç	◆	ı	˜	Â	-	˘	¿			

48